GREGORIO COLISTRA

DAL REFERENDUM DEL 1946 AL REFERENDUM DEL 2016

In copertina
L'Unità del 4 giugno 1946

ISBN: 1539916502
ISBN-13: 978-1539916505

Coordinamento grafico
Pubblishop Maida

Ricerca archivistica
Gregorio Colistra

Questo libro è dedicato
alla memoria di Antonio Braccio
amico e compagno incomparabile
con il quale per anni
abbiamo scritto su pannelli e muri
"Costituzione" e "Resistenza"

Manufatto in ceramica realizzato dalla professoressa Caterina De Vito.

La Costituzione come *"tabula"* di valori e di principi fondanti da "incidere", in modo concreto e visibile, nella coscienza di ciascun cittadino, come "singolo" e come *"socius"*.

(

PRESENTAZIONE

Nel 1948 un'Italia lacerata dal ventennio fascista, ridotta in macerie dalla guerra, trovava nella Costituzione il collante in grado di rimettere assieme i pezzi, la casa comune in cui tutti potessero riconoscersi attraverso le regole fondamentali dello stare insieme. Quasi settant'anni dopo, cioè ai giorni nostri, c'è chi vuole stracciare quella Carta in nome di un finto riformismo, agitando la bandiera del cambiamento solo per nascondere l'insofferenza verso quello che è stato il pilastro sui cui è stata costruita la nostra democrazia. Nel suo libro, Gregorio Colistra tratteggia con grande puntualità l'Italia di allora e quella di oggi, ricorda le tappe fondamentali che il Paese ha affrontato negli ultimi settant'anni, le difficoltà con cui si è dovuto misurare. Lo fa partendo dal referendum istituzionale del 2 giugno 1946, per la scelta tra Repubblica e Monarchia, per arrivare al referendum costituzionale del prossimo 4 dicembre, quello sulla controriforma Renzi-Boschi-Verdini. Lo fa ricordando lo spessore e la statura politica dei padri costituenti di allora, la loro lungimiranza, l'eredità enorme che ci hanno lasciato. Una ricostruzione dettagliata, che inizia con un'Italia in ginocchio, ma nelle mani sagge di veri statisti, e finisce con un'altra Italia, ancora in ginocchio, prigioniera di una profonda crisi economica, morale, culturale, e però nelle mani di pericolosi avventurieri e di piccoli opportunisti della politica.

E' un libro di parte il suo, com'è giusto che sia in un momento cruciale della nostra storia, quello dell'assalto finale alla Costituzione figlia della Resistenza, nata dalla lotta di Liberazione. E' un libro per il No al referendum del 4 dicembre, perché – come dice l'autore – la Costituzione è di tutti e non possiamo farcela rottamare. Può e anzi deve essere riformata, ma per essere messa al passo con i tempi, in modo da funzionare meglio. Nel denunciarne il tentativo di manomissione non c'è quindi alcun conservatorismo, c'è semmai la pretesa che qualsiasi intervento al cuore democratico del nostro Paese sia fatto nel rispetto delle regole, con la più ampia condivisione, senza forzature e trucchi.

In tanti, tra cui i più autorevoli costituzionalisti, hanno ampiamente e puntualmente spiegato perché la riforma è sbagliata e pericolosa, hanno smascherato le bugie sui tagli ai costi della politica e sul ruolo del nuovo Senato, hanno denunciato i rischi e le criticità di un pastrocchio pensato male e scritto anche peggio, partorito da un governo non legittimato dal voto popolare e approvato da un Parlamento di nominati, figlio dell'incostituzionale Porcellum.

C'è però un ulteriore aspetto che merita di essere sottolineato, ed è quello dei mandanti di questo delitto. Perché Renzi è solo l'esecutore materiale, il 'fattorino' mandato per saldare i conti, ma i mandanti sono altri e risiedono altrove. Vanno ricercati in quei gruppi di potere, in quelle grandi banche d'affari come JP Morgan, in quelle lobby più o meno occulte, tanto quelle legali quanto quelle illecite, che sempre hanno condizionato e tuttora condizionano la storia del nostro Paese affinché non diventi una vera democrazia.

La posta in gioco è la realizzazione definitiva di un piano che viene da lontano, dagli anni bui in cui Licio Gelli muoveva attraverso la P2 i fili del Paese, manovrava per realizzare il progetto eversivo tradotto nel *Piano di rinascita democratica*. Perché la riforma Renzi-Boschi è figlia di quel Piano e di quel progetti ad esso ispirati che si sono succeduti in quarant'anni di assedio alla Costituzione. L'obiettivo è sempre lo stesso, cui hanno lavorato non solo Gelli ma anche Craxi, Cossiga, Berlusconi e da ultimo Napolitano. L'obiettivo è quello della definitiva decostituzionalizzazione e deparlamentarizzazione: sbarazzarsi della Costituzione per cancellare la nostra democrazia parlamentare e sostituirla con una Repubblica verticale, dove il potere è concentrato nelle mani di pochi e i cittadini sono sudditi da governare. In nome della parola d'ordine "stabilità", si vuole ancora una volta consegnare il bastone del comando a un solo uomo al potere, più facilmente manovrabile. Riecco dunque il sogno di Gelli e di quei centri di potere - mafia, massoneria, grande finanza internazionale - sempre insofferenti verso le Costituzioni democratiche antifasciste adottate dopo la Seconda guerra mondiale: la definitiva legittimazione costituzionale della Repubblica verticale, autoritaria, intollerante, sfrenatamente capitalista e neoliberista, diseguale, cinica e guerrafondaia, a scapito della Democrazia orizzontale. Renzi sta realizzando questo sogno, sta attuando il progetto autoritario di ribaltamento dei poteri repubblicani. È un furto di democrazia, che va sventato. Nella Costituzione, diceva Calamandrei, "c'è tutta la nostra storia, tutto il nostro passato, tutti i nostri dolori, le nostre sciagure, le nostre gioie". E allora non possiamo arrenderci a Renzi e Verdini, alla P2 e JP Morgan: è tempo di riscossa costituzionale, è tempo di uscire dal fortino e rompere l'assedio. Per noi, per chi ha sacrificato la vita combattendo per la democrazia, per le generazioni che verranno.

Antonio Ingroia

Roma, 25 novembre 2016

LA COSTITUENTE

Dopo la caduta del fascismo, da più parti in Italia si chiedeva con insistenza la sostituzione dell'ormai invecchiato statuto albertino con un testo nuovo: migliore difesa contro gli attentati alla libertà e più aperto alle esigenze sociali.

Per venire incontro alle esigenze politiche l'art. 1 del DDL 25 giugno 1944 n° 151 stabiliva che *"dopo la liberazione del territorio nazionale le forme istituzionali saranno scelte dal popolo italiano che, a tal fine, eleggerà, a suffragio universale, diretto e segreto, un'Assemblea Costituente per deliberare la nuova costituzione dello Stato".*

Con successivo DLL 31 luglio 1945, n° 435, si istituiva il ministero della Costituente (la carica fu ricoperta da Pietro Nenni) col compito di preparare il lavoro alla successiva assemblea e con il DLL 16 marzo 1946 n° 99 la popolazione era chiamata a votare, mediante *REFERENDUM* sulla questione istituzionale e, mediante elezione ordinaria, per la designazione della nuova Assemblea.

Le elezioni, in un clima incandescente, si svolsero il 2 giugno 1946.

La REPUBBLICA ottiene 12.182.000 voti contro i 10.362.000 della MONARCHIA.

A Maida, nel referendum istituzionale, sotto la spinta social comunista guidata da mio padre, Antonio Colistra, che aveva maturato esperienze democratiche negli USA e prima ancora nella famiglia, dal momento che mio nonno Vincenzo era socialista, nel referendum istituzionale la REPUBBLICA ottiene 1.305 voti e la MONARCHIA ottiene 1.244 voti.

A Jacurso la MONARCHIA ottiene 835 voti e la REPUBBLICA solo 95 voti grazie ad un gruppo di cittadini jacursesi che erano entrati in contatto con la realtà maidese.

L'Assemblea Costituente si riunì la prima volta il 25 giugno 1946, sotto la presidenza del decano, Vittorio Emanuele Orlando e, nella stessa prima seduta, elesse a proprio presidente Giuseppe Saragat.

Formatosi politicamente nei circoli culturali che facevano parte a Piero Gobetti e a Rivoluzione liberale, s'iscrisse alla sezione socialista di Torino.

Fu costretto all'esilio prima in Svizzera, poi a Vienna. Trasferitosi in Francia operò con Nenni per l'unità delle forze antifasciste e, con lui, diresse il *"Nuovo Avanti!"*.

Dopo l'armistizio dell'8 settembre 1943 rientrò in Italia e si batté per la riorganizzazione del partito socialista, ma fu arrestato e consegnato ai tedeschi, ai quali riuscì a sfuggire insieme a Pertini, il quale, nei primi anni del fascismo subì persecuzioni e condanne che lo costrinsero ad espatriare in Francia.

Rientrato clandestinamente in Italia prese parte alla Resistenza.

Nel 1978 venne eletto presidente della Repubblica.

Interprete del ruolo di massimo garante dell'unità del paese, intervenne spesso sulla scena politica nel tentativo di rivitalizzare con il suo prestigio e la sua popolarità le istituzioni dello Stato in un'epoca di sfiducia ed incertezza.

Apprezzato per la sua capacità di comunicazione e la sua

schiettezza, si batté a favore dei paesi poveri del Terzo Mondo e in un periodo di forte riarmo e di tensioni internazionali lanciò lo slogan *"Si vuotino gli arsenali, si riempiano i granai"*.

Ritorniamo a parlare di Saragat il quale si rimise da presidente della Costituente per capeggiare la scissione di palazzo Barberini che portò alla nascita del PSDI.

Dopo il XX Congresso del PCUS s'incontrò con Nenni e pose le basi per la ripresa di un dialogo fra i due partiti socialisti nella duplice prospettiva dell'alternativa di sinistra (al PCI) e alla collaborazione con i cattolici in un governo di centro sinistra.

Da segretario del PSDI entrò nel gabinetto presieduto da Aldo Moro come ministro degli Esteri. Mentre ricopriva tale incarico fu eletto presidente della Repubblica.

Quando Saragat si dimise da presidente della Costituente fu sostituito da Umberto Terracini. Segretario della federazione giovanile socialista piemontese, tra gli animatori del gruppo torinese dell'*Ordine Nuovo*, fu tra i fondatori del PCI. Direttore de *L'Unità* fu arrestato e condannato a ventidue anni e nove mesi di reclusione dal tribunale speciale. Amnistiato e confinato prima a Ponza e poi a Ventotene, liberato, partecipò attivamente alla Resistenza, e fu uno dei dirigenti della repubblica partigiana dell'Ossola.

Membro della Consulta, eletto alla Costituente, senatore, fu presidente del gruppo parlamentare comunista al Senato della Repubblica.

Siamo in possesso di una sua lettera con la quale ci consiglia di fondare a Maida un circolo della FGCI che diventerà il più numeroso (150 iscritti di cui 43 donne), il più attivo e il più combattivo della Calabria.

Questi risultati furono apprezzati dalla Direzione Nazionale al punto che ci offrì un viaggio-premio nell'URSS.

LA COSTITUZIONE

L'Assemblea Costituente elaborò la Costituzione Italiana.

Elemento dominante della Costituzione è l'accento posto, sin dalle prime battute, sul lavoro quale cardine della vita associata.

La Costituzione ha posto così le premesse per la realizzazione di uno Stato sociale, lo Stato deciso a svolgere la sua azione, mediante interventi sempre crescenti verso la tutela delle classi meno abbienti, verso una ridistribuzione dei diritti nazionali che possano assicurare a tutti il minimo vitale.

L'articolo 1, infatti, recita:
"L'Italia è una Repubblica democratica, fondata sul lavoro. La sovranità appartiene al popolo, che la esercita nelle forme e nei limiti della Costituzione."

L'articolo 9 afferma:
"La Repubblica promuove lo sviluppo della cultura e della ricerca scientifica e tecnica. Tutela il paesaggio e il patrimonio storico-artistico della Nazione."

L'esigenza di dedicare parte di questo lavoro alla battaglia ideale e culturale era maturata già da tempo.

Ma il fatto che vi si giunga oggi, in prossimità del Referendum del 4 dicembre 2016, pone ancor più in evidenza il valore e l'importanza che noi attribuiamo al problema degli orientamenti ideali e della vita culturale della Calabria ci sollecita e ci aiuta ad impostare questo problema in una prospettiva ancora più ampia, come parte essenziale del nostro impegno complessivo.

D'altronde dall'analisi che gli studiosi tracciano, dall'insieme dei problemi che sollevano e dalla linea che propongono come sola possibile via d'uscita positiva dalla crisi attuale, non solo viene sollecitato uno sviluppo nuovo della ricerca marxista, ma viene obiettivamente accentuato, più in generale il ruolo della battaglia ideale e culturale come grande battaglia di massa e nazionale.

Da un lato, infatti, quando si richiama l'attenzione su quel che differenzia la crisi oggi in atto nel mondo capitalistico dalle crisi cicliche del passato, e sul peso delle diverse contraddizioni e componenti che la caratterizzano, o sulla esigenza di cogliere pienamente le potenzialità e le nuove verità che il moto di liberazione dei popoli del terzo mondo contiene ed esprime, o sulla necessità impellente di cooperazione internazionale per fronteggiare il fenomeno del terrorismo e di una cooperazione nazionale per sconfiggere la mafia e sulla possibilità di procedere lungo una linea che già esca fuori dalla logica del capitalismo, si prospettano temi importanti di ricerca e di confronto delle forze democratiche.

Dall'altro lato ci riferiamo ai rischi di regresso che la crisi attuale comporta, alle incognite che pesano sul destino di intere civiltà, ad opera del terrorismo, a cominciare da quella europea, alle minacce che si addensano sui regimi democratici e sulle sorti della nostra civiltà, e il riferimento alle possibilità che pure esistono in larga misura, sia su scala nazionale che su scala mondiale, di imporre una soluzione positiva della crisi e dei problemi del nostro tempo.

Noi operatori culturali vogliamo contribuire a far salvo il patrimonio di civiltà che abbiamo ereditato dal passato. A cominciare dal basso come è stato fatto a Maida negli anni ottanta del secolo scorso e come ci proponiamo di fare a Jacurso: il nostro è un progetto ambizioso ma non velleitario!

Noi intendiamo ripetere la fortunata esperienza dell'Associazione Pro Loco di Maida per dare un segno, per offrire una speranza e poter dire: dato che non c'è niente, noi vogliamo rimboccarci le maniche e costruire qualche cosa anche sul piano culturale. E se ognuno fa qualche cosa, allora si può fare molto.

Quale funzione sono chiamate a svolgere le forze intellettuali e la cultura nella prospettiva di uno sviluppo nuovo della società italiana e nella lotta per fare avanzare questa prospettiva?

In primo luogo, al ruolo che può avere uno sviluppo nuovo della ricerca scientifica e tecnologica.

In secondo luogo, al contributo sostanziale, che può venire al progresso economico e civile del paese da una seria formazione scolastica, da una moderna formazione culturale e professionale di grandi masse di giovani e di lavoratori.

In terzo luogo, all'importanza che uno sviluppo nuovo delle attività culturali e della partecipazione alla vita culturale, in tutte le sue forme, può assumere come aspetto di un diverso e più alto modo di vita.

Una nuova politica di sviluppo del paese che si muovesse, tra l'altro, nelle tre direzioni che abbiamo ora indicato, aprirebbe concrete prospettive di occupazione socialmente qualificata per larghe masse intellettuali.

Quel tronco che però più ci interessa sottolineare è che si potrà davvero andare avanti sulla via di un progresso intellettuale di massa, e si potrà da una parte delle forze intellettuali e della cultura italiana contribuire realmente allo sviluppo della democrazia e al rinnovamento della società, solo nella misura in cui si lotterà per fare meglio uscire l'organizzazione della cultura, e in primo luogo la scuola, dalla crisi profonda in cui si trovano, e nella misura in cui si otterranno in questa lotta successi effettivi.

La svolta da determinare per questo aspetto nella direzione politica del paese è parte importante dello sviluppo della democrazia per cui il mondo intellettuale è impegnato.

La sordità e la meschinità che nei confronti dei problemi della vita culturale e dell'organizzazione della cultura hanno dimostrato certi governi è stata sintomo in dubbio della mancanza di volontà che hanno dimostrato i governi di centro destra.

Non è nostro costume pronunciare sommarie o retoriche condanne, né confondere in un attacco indiscriminato forze e responsabilità diverse, ma se pensiamo al modo in cui sono state governate e fatte cadere nel marasma la scuola e l'Università, all'insensibilità e ristrettezze di vedute sempre manifestate sempre nei confronti della ricerca scientifica, allo stato di vergognoso abbandono in cui è stato esposto un patrimonio archivistico, artistico, archeologico, architettonico, etnoantropologico, librario, storico e paesaggistico per molti aspetti senza eguali, e non parliamo dell'editoria, della produzione cinematografica, della televisione e delle attività musicali e teatrali, al deteriore gestione di tutte le altre forme d'intervento culturale pubblico e ci riferiamo ai gruppi sociali e politici che hanno dominato la vita italiana negli anni passati, dobbiamo dire che abbiamo avuto una classe dirigente non solo incapace ma indegna di dirigere il paese.

Se questa è la situazione reale in cui si trova la cultura italiana, a nostro parere, vanno mutati ordinamenti decrepiti e meccanismi legislativi e amministrativi deteriori, va attuato un ampio decentramento democratico, alle Regioni in primo luogo e soprattutto, e va nello stesso tempo accresciuta e qualificata in modo nuovo la spesa pubblica per le attività culturali.

Questa spesa si giustifica – e non è ammissibile una politica di restrizione o di lesina -, in funzione di una precisa destinazione sociale, in direzione delle masse giovanili, e come contributo a un orientamento di consumi e scelte di vita di larghi strati della popolazione dal momento che siamo assertori della libertà, della democrazia e della vita intellettuale.

Noi non lo nascondiamo. Vogliamo salvare e portare avanti le conquiste della Resistenza ed affermare i principi fondamentali della Costituzione. Vogliamo contribuire a far salvo il patrimonio di civiltà che abbiamo ereditato dal passato.

Quello che ci interessa sottolineare è che si potrà davvero

andare avanti sulla via di un progresso intellettuale di massa e si potrà da parte delle forze intellettuali e della cultura italiana contribuire allo sviluppo della democrazia e al rinnovamento della società solo nella misura in cui si lotterà per fare uscire l'organizzazione della cultura, e in primo luogo la scuola, dalla crisi in cui si trova.

È disdicevole parlare di se stessi. Citare se stessi non è mai elegante quindi ci scusiamo per il riferimento personale.

Da quasi mezzo secolo operiamo nell'Amministrazione dei Beni Culturali. Possiamo affermare, quindi, che la sordità e la meschinità che nei confronti della vita culturale e dell'organizzazione della cultura che hanno dimostrato i governi passati è stata sintomo indubbio della mancanza di respiro di quell'esperienza politica, nonostante le ambizioni iniziali.

È un fatto positivo che nella cultura comune è penetrato il riconoscimento dei diritti della ragione umana, della capacità di conoscere il mondo e di dirigere in modo efficace l'azione degli uomini, cioè l'idea che sia possibile un dominio razionale della natura ed anche penetrata una visione storicistica della realtà. Cioè la convinzione che si può cambiare il proprio stato, si debbono cambiare gli orientamenti economici, sociali e culturali e che questi possono essere migliorati per opera degli uomini, nella loro azione collettiva.

1946: L'ITALIA IN MACERIE TRA FAME E SPERANZA DIVENTA REPUBBLICA

Il clima è la speranza, è la gioia incredula della pace ritrovata dopo tanta guerra, della democrazia da costruire dopo tanta dittatura, è la novità, è la voglia di rimboccarsi le maniche, è l'ebrezza di ricominciare spediti.

Vittorio Emanuele III – il re Soldato, il re Sciaboletta che s'è piegato per ventuno anni a Mussolini, ha gettato nel fango la monarchia, poi, troppo tardi ha fatto arrestare il Duce, ha impapocchiato l'armistizio all'italiana e infine è fuggito come un ladro, lasciando l'Italia nella sanguinosa incertezza della guerra civile – ha finalmente abdicato.

La notizia è rimbalzata a Roma come una bomba, nel pieno della campagna elettorale in vista del 2 Giugno, quando gli italiani saranno chiamati democraticamente alle urne per la prima volta dopo venti anni per scegliere la forma di Stato nel referendum Monarchia – Repubblica ed a eleggere l'Assemblea Costituente.

Solo il presidente del Consiglio Alcide De Gasperi sapeva già tutto da qualche giorno in via ufficiosa, ma ha preferito non informare i colleghi del governo di unità nazionale per evitare polemiche. Che infatti sono esplose furibonde all'indomani.

Umberto II ha subito inviato a De Gasperi un messaggio

rassicurante *"Questo atto non muta in nulla i miei poteri costituzionali da me esercitati in qualità di Luogotenente Generale; né modifica in alcuna maniera l'impegno da me assunto in confronto del Referendum e della Costituzione".*

E il Comando Alleato ha diramato commenti dello stesso tono.

Ma il Segretario del Pci e ministro della Giustizia Palmiro Togliatti non s'è accontentato: *"Questa è l'ultima fellonia di casa Savoia: Vittorio Emanuele III non può abdicare perché ha già abdicato una volta".* Ed ha chiesto a De Gasperi, dinanzi a quella plateale violazione della tregua istituzionale, di assumere *ad interim* le funzioni di capo dello Stato.

Ma per gli altri ministri, compreso il leader socialista Pietro Nenni l'abdicazione è un *"atto interno di casa Savoia"* e il Migliore ha desistito. Anche perché una crisi di governo avrebbe comportato il rinvio dell'elezioni, consentendo al giovane neo-re Umberto II di guadagnare consensi.

Proprio nello slittamento del voto infatti puntano i monarchici, facendo leva sul fatto oggettivo: se si voterà il 2 Giugno resteranno escluse le centinaia di migliaia di italiani che si trovano ancora all'estero come prigionieri di guerra, oltre agli abitanti della Venezia Giulia, le cui sorti sono ancora in mano alle potenze vincitrici.

Le sinistre preferirebbero invece che a decidere fra Monarchia e Repubblica fosse la Costituente, rinunciando a un referendum tanto "rischioso".

Ma De Gasperi taglia corto: deciderà il popolo italiano.

La campagna elettorale è vivacissima. Sui muri di Roma (ricordo anche quelli di Maida) i comunisti scrivono "A da venì Baffone", cioè Stalin.

A Napoli impazza, tra i fans della monarchia, un tal Navarra, ricchissimo borsanerista – detto "Il re di Poggioreale" – che va in giro per la città con la giacca bene aperta per mostrare il disegno sulla sua maglietta: una bandiera tricolore con al centro lo stemma sabaudo.

La gente si accalca ai comizi dei leader. Anche il re Umberto II, come De Gasperi, Togliatti e Nenni, percorre in lungo e in largo l'Italia, tenendo discorsi, stringendo mani, distribuendo onorificenze.

Al sud viene accolto bene, al nord un po' meno.

Maida è centro di comizi oceanici: ricordiamo quelli di Enrico ed Elsa Molè, di Gennaro Miceli, di Fausto Gullo, di Luigi Silipo e di Pietro Mancini che è stato accolto al casello postale da una moltitudine di persone festanti che l'hanno accompagnato sino alla mitica piazza Garibaldi: e pensare che i percorso misura ben quattro chilometri!

Poi, finalmente ecco il 2 Giugno. I giornali consigliano alle donne, chiamate a votare la prima volta, di rinunciare al rossetto per non rischiare di macchiare la scheda rendendola nulla.

Gli italiani votano in tranquillità, mentre il mondo politico è percorso da una febbrile agitazione, tra voci di complotti, brogli e colpi di Stato.

Qualcuno insinuerà che, per risollevare le sorti della Repubblica, il ministro Romita, acceso repubblicano, abbia estratto dai cassetti un milione di schede precompilate.

Ma la spiegazione più plausibile è un'altra: i primi risultati giunti al Viminale sono quelli del sud Italia, che in maggioranza ha scelto la Monarchia, mentre per ultime sono arrivate le schede delle regioni settentrionali, più coinvolte nella lotta partigiana, più ferite dall'occupazione nazista, e ancora percosse dal "vento del nord" fieramente repubblicano.

Alla fine la Repubblica ottiene 12.182.000 voti contro i 10.362.000 della Monarchia.

Ma il 7 giugno tutto va in fumo. Due giuristi padovani presentano alla magistratura un ricorso contro i risultati del referendum.

Il governo italiano impreparato ed imbarazzato non sa cosa rispondere, mentre *l'Unità* annuncia: *"Un colpo di stato monarchico è fallito per iniziativa comunista. La forza della risorgente democrazia ha stroncato la losca manovra neofascista".*

Da Napoli giunge notizia di scontri tra la polizia e il popolino dei "bassi" fedele alla Corona: barricate, spari e assalti alla sede del Pci che inalbera la bandiera sovietica.

I morti sono dodici e un farneticante: "Movimento di liberazione del Mezzogiorno" lancia proclami inneggianti a Masaniello e contro la Repubblica.

Lo stesso 12 giugno, in serata, il governo rompe gli indugi decretando "l'instaurazione di un regime transitorio durante il quale... l'esercizio delle funzioni del Capo dello Stato spetta upe legis del presidente del Consiglio in carica".

Il re apprende la notizia a casa del giornalista Luigi Barzini.

E quella sera si torna a parlare di complotti, colpi di stato, possibili attentati.

Umberto Terracini pernotta in casa di amici. Palmiro Togliatti chiede asilo all'ambasciata sovietica. Pietro Nenni ha un amico monarchico. Neppure De Gasperi dorme in casa sua.

In molte città italiane la gente cammina ancora sulle macerie. Mancano le strade, i servizi pubblici.

Il Comitato Interministeriale per la Ricostruzione parla di "un abbassamento del tenore di vita a livelli tali da far temere per l'esistenza stessa del popolo italiano".

Il valore della lira scende di due terzi. La scarsità del raccolto del grano impone al governo di confermare il razionamento del pane.

La sopravvivenza degli italiani è affidata al buon cuore

(tutt'altro che disinteressato) di Stati Uniti e Gran Bretagna da cui il Paese importa tutto: dal grano agli insetticidi.

La borsa nera e gli accaparramenti dilagano e costringono il governo a provvedimenti impossibili.

Risultato: rivolte contadine un po' in tutta Italia, specialmente nel nostro meridione.

Poi arriverà la stagione irripetibile ed esaltante delle lotte per la conquista delle terre incolte dei proprietari terrieri assenteisti da Melissa a Calabricata, da Portella delle Ginestre a Maida scorre il sangue contadino e bagna la terra abbandonata.

La polizia di Scelba ed il bandito Giuliano sparano all'impazzata: muoiono anche donne e bambini. Ma il loro sacrificio non sarà vano.

Dopo dure lotte, scioperi, arresti, persecuzioni la terra incolta sarà dei contadini. Su quelle terre idealmente vedo ancora l'entusiasmo dei contadini affamati che alzano al cielo le bandiere tricolori e rosse e cartelli con le parole d'ordine: "La terra a chi la lavora". "Pane e lavoro". "Terra e non guerra".

IL MIRACOLO DOSSETTI
"LA NOSTRA CARTA NON È STATA FRUTTO DI COMPROMESSI MA EDIFICIO IN CUI SONO CONFLUITE LE TRADIZIONI CATTOLICA LIBERALE E SOCIAL-COMUNISTA"

L'epopea degli italiani magri e poveri che ricostruiscono l'Italia in quel magico e terribile 1946 diventerà legenda.

Chi ha l'età per ricordare quei mesi durissimi non dimentica facilmente la folla di gente magra, affilata che si incontrava per le strade, sui treni (spesso vagoni merci adibiti a vetture viaggiatori) l'impeto con cui tutti si impegnarono a ricostruire ciò che le bombe avevano distrutto, ma anche il disordine con cui lo fecero, ognuno intento soltanto alle cose proprie e al proprio tornaconto, senza un minimo di programmazione senza alcun riguardo all'interesse generale, la rapidità e la spregiudicatezza con cui furono aggirati gli impacci e le restrizioni imposte dall'amministrazione alleata; il fiorire della borsa nera, che creò una categoria di nuovi ricchi dediti ai lussi più sfrenati in un panorama di macerie; l'epopea della bicicletta, unico mezzo di locomozione sicura e sottratto alle strettoie dei tesseramenti del combustibile; le strade rigurgitanti di gente indaffarata a mettere in piedi i propri affari, studi e negozi, e una gran voglia di vivere mescolata a un'altrettanta grande ansietà.

Il latte razionato, costa 50 lire al litro. I giornali escono ancora in formato guerra a due o quattro pagine e costano 5 lire. I disoccupati sono oltre un milione e mezzo. I suicidi circa tremila in un anno. Gli emigranti, secondo le cifre del ministero centodiecimila.

Gli aiuti dall'estero sono massicci, soprattutto dall'America: l'UNRRA riversa sull'Italia un fiume di dollari in generi di prima necessità e in soccorsi di emergenza (cibo, vestiari, medicine).

Ma la ricostruzione è cominciata nell'animo della gente prima che nei decreti governativi.

E l'Italia delle macerie e della fame riesce anche a divertirsi.

Dopo due anni di sospensione per la guerra civile, è tornato il campionato di calcio vinto dal leggendario "Torino" di Valentino Mazzola perito nel 1949 a Superga, di ritorno in volo dalla Spagna, dopo aver disputato un incontro.

Riparte anche il "Giro d'Italia": lo vince Gino Bartali davanti al "Campionissimo" Fausto Coppi. Edoardo e Titina De Filippo ritornano a Milano. Arturo Toscanini inaugura la nuova Scala, riscostruita a tempo di record dopo i bombardamenti del 1943, incantando gli spettatori con arie di Rossini, Verdi e Puccini.

La proibizione del ballo era stata una delle prime disposizioni prese alla nostra sciagurata entrata in guerra. Avevano enormi arretrati da consumare in proposito. Ovunque furono improvvisate piste da ballo. Furono varate, specie nell'Emilia, balere all'aperto. Nella sezione comunista di Maida (al tempo ospitata nel palazzo Chiriaco e, successivamente nel palazzo Torchia, divenuto in seguito di proprietà del signor Ettore Ammendola) ricordiamo che si ballava tra uomini!

Nei cinema dominavano i film d'importazione. Le pellicole italiane scarseggiano anche se sta nascendo la scuola cinematografica tutta nostra: *il Neorealismo*.

Il 1946 è l'anno di *Paisà* di Roberto Rossellini e di *Sciuscià* di Vittorio De Sica.

E, nonostante tutto quell'estate riesce anche a essere allegra e spensierata: la gente ha gran voglia di dimenticare.

La *Stampa*, a ferragosto informa che duecentomila torinesi sono partiti per le ferie anche solo per un paio di giorni, vista anche la penuria di benzina.

Tutto esaurito anche nelle piscine comunali di Milano e sulle spiagge della Liguria e della Riviera Romagnola.

Intanto, partito il re e risolta la controversia costituzionale contro il referendum e l'elezione della Costituente, il governo De Gasperi è alle prese con altri problemi altrettanto urgenti: l'amnistia, l'ordine pubblico e la presidenza della Repubblica.

Il ministro Guardasigilli Palmiro Togliatti ha concesso una "mini-amnistia" prima delle elezioni promettendone un'altra molto più ampia dopo il 2 Giugno. Ed è di parola.

Il decreto viene approvato tra mille polemiche e ostruzionismi. Comprende principalmente i crimini "politici" commessi dai fascisti durante il Ventennio e la Repubblica Sociale (esclusi i delitti Matteotti, Amendola e Don Minzoni). A beneficiarne saranno in tutto cinquantamila detenuti.

Togliatti si ritrova al centro del fuoco incrociato: viene accusato dalla destra di voler salvare i suoi "compagni assassini" e da sinistra di voler ricompensare i voti alla Repubblica di alcuni gruppi neofascisti secondo un preciso accordo preelettorale. Comunque sia l'amnistia ha ripercussioni sull'ordine pubblico.

Nell'Italia settentrionale gruppi di ex partigiani infuriati per la scarcerazione di tanti fascisti dissotterrano le armi nascoste in luoghi segreti all'indomani della Liberazione.

Nell'Italia meridionale invece torna ad imperversare il brigantaggio che facendo leva sul malcontento delle popolazioni in miseria, conquista ogni giorno nuovi proseliti e simpatie.

Il ministro dell'Interno Romita offre una taglia di trecentomila lire "a chiunque fornisca esatte notizie che portano alla cattura del bandito Giuliano".

Il 25 giugno è il gran giorno dell'Assemblea Costituente. Presidente dell'Assemblea viene eletto il socialista Giuseppe Saragat. Invece il capo provvisorio dello Stato – ha stabilito De Gasperi – sarà meridionale e monarchico.

Meridionale, per bilanciare la presenza di un trentino (lui stesso) e di un piemontese (Saragat) nelle altre principali cariche istituzionali. Monarchico, per riconciliare definitivamente le due italie che si sono scontrate il 2 Giugno.

I socialisti vorrebbero Benedetto Croce, che rifiuta. De Gasperi propone il vecchio liberale Vittorio Emanuele Orlando, che però non piace alle sinistre perché troppo compromesso con la monarchia.

Così si ripiega con Enrico De Nicola, l'avvocato napoletano che era presidente della Camera all'avvento del fascismo e poi si era tratto in disparte. Il vecchio notabile si fa pregare per giorni, poi acconsente. Non certo per amor proprio, precisa, ma per il prestigio della Repubblica.

Sul suo nome confluiscono i voti di tutti i partiti fatta eccezione per i repubblicani.

De Nicola raggiunge Roma, da Napoli solo quattro giorni dopo l'elezione, a bordo di una vecchia Fiat 1100 guidata da un cugino. Senza scorte e cerimonie.

Appena eletto e conosciuto il primo presidente della Repubblica, l'Assemblea guidata da Saragat si mette all'opera per dare alla ritrovata democrazia italiana la sua costituzione.

Tutti si ritrovano d'accordo sui principi ispiratori della nuova carta che sostituirà lo Statuto Albertino:

- l'antifascismo,
- la sovranità del popolo,
- la centralità del Parlamento,
- la tutela delle minoranze,
- le libertà e dunque il lavoro,
- l'indipendenza dei poteri di controllo a cominciare dalla magistratura.

Dirà Pietro Calamandrei nel 1955 in un famoso discorso agli studenti: *"Se volete andare in pellegrinaggio nel luogo dove è nata la nostra Costituzione, andate nelle montagne dove caddero i partigiani, nelle carceri dove furono imprigionati, nei campi dove furono impiccati. Dovunque è morto un italiano per riscattare la libertà e la dignità, andate lì, o giovani, col pensiero perché lì è nata la nostra Costituzione".*

Sono queste le radici robuste e insanguinate che consentono a cattolici democratici, socialcomunisti, liberali e repubblicani-azionisti di fondere insieme nella stessa Carta tutti i filoni culturali e politici del Paese.

Ricorderà Giuseppe Dossetti eletto con la Dc: *"È stata la guerra il grande crogiuolo che ha determinato a parer mio in quasi tutti una disposizione degli animi più equa. Che, al di là delle frange estremiste spesso divergenti od opposte dei costituenti, ha portato ad un patto approvato dalla maggioranza del 90% dei membri della Costituente. Un patto che non è stato un qualunque compromesso o una manifestazione "ante litteram" di consociativismo o un semplice effimero espediente ma un solido edificio in cui hanno confluito al di là dei contrasti politici anche molto aspri e talvolta cruenti, le tre grandi tradizioni: quella liberale, quella cattolica e quella socialcomunista".*

L'11 marzo 1947 il costituente – filosofo Benedetto Croce, criticando l'inclusione dei Patti Lateranensi nella Costituzione e la mancata previsione di una legge sul divorzio e di una contro il rischio della "Partitomania".

Lui, laico, invocherà la discesa dello Spirito Santo a illuminare i costituenti durante la discussione generale e finale.

I settantacinque termineranno i lavori il 12 gennaio 1947 e il 4 marzo inizierà il dibattito in aula, con altri dibattiti accesi e appassionati.

Come quello sul ruolo di garanzia del Senato e, dunque, della sua elettività a suffragio universale (al contrario di quello dello Statuto Albertino, tutto composto da senatori nominati "prima dal Re e poi dal Gran Consiglio del Fascismo).

Principi che nessuno rimetterà mai più in discussione almeno fino all'avvento dei ricostituenti Renzi – Boschi che hanno "rottamato" il PD che non parla più ai ceti popolari.

Alla fine la Carta sarà approvata il 22 dicembre con 453 Si e 62 No (quelli del MSI). Entrerà in vigore l'1 gennaio 1948.

Torniamo al 1946. Il 2 luglio, un mese dopo le elezioni, si è dimesso il primo governo De Gasperi. La crisi dura dodici giorni. Troppi, per Pietro Nenni, che annota scandalizzato nel suo Diario: *"Il presidente del Consiglio ha rischiato di buttarci in una crisi senza fine"*, non immaginando quali lungaggini negoziali precederanno i governi nei decenni successivi.

De Gasperi dichiara subito: "Farò un governo che l'aritmetica m'impone", cioè un quadri-partito Dc-Psiup-Pci-Pri.

In verità l'aritmetica gli consentirebbe un bicolore Dc-Psiup (ma Nenni ha fatto sapere che non si può governare contro la destra e i comunisti insieme), o una coalizione di centrodestra con liberali, monarchici e qualunquisti. Ma De Gasperi ritiene che i tempi non siano maturi per rompere il fronte antifascista: questioni di ordine pubblico e di responsabilità.

Meglio continuare a collaborare con le sinistre.

Le trattative, in quei dodici giorni, si arenano continuamente. Il primo scontro è sulla politica economica: i socialisti chiedono un "piano generale" di controllo della produzione, i comunisti un aumento di salari per i lavoratori.

Nel suo governo De Gasperi, nato il 18 luglio, non c'è più

Togliatti, per *"riservarsi* – ha scritto Vittorio Foa – *il massimo libertà di azione, attraverso l'azione di massa e di organizzazioni sindacali"*.

Questo è il passato. Qual è il presente? Matteo Renzi, felice come Berlusconi di ritorno dalla Dacia del nuovo zar Putin, ha intrattenuto gli eurodeputati Pd sui suoi giorni felici a Washington con Obama.

Il che spiega come mai il DDL Boschi & Renzi piace un sacco ad Obama, al suo ambasciatore a Roma, a Marchionne (quello che becca una montagna di euro e non riesce a far vincere la Ferrari) e ad altri extracomunitari, ma molto meno gli italiani. Almeno a quelli che hanno capito su che diavolo si vota: l'abolizione delle elezioni per il Senato.

Roba che in America, se qualcuno osasse proporla, verrebbe lapidato a Central Park. Infatti anche la Costituzione del 1789 prevede un bicameralismo pressoché perfetto, con navetta obbligatoria delle leggi tra Camera e Senato.

In origine i senatori erano nominati dai parlamenti dei vari stati (un po' come nel DDL Boschi & Verdini dai Consigli regionali) mentre i deputati erano eletti dal popolo.

Poi fu approvato XVII emendamento che introduceva l'elezione diretta dei senatori. Gli emendamenti alla Carta americana sono stati appena ventisette in duecento ventisette anni: l'ultimo è del 1992, per evitare ai parlamentari del Congresso di aumentarsi lo stipendio.

I Paesi seri aggiornano le proprie Costituzioni per allargare la partecipazione dei cittadini, non per recingerla. L'Italia invece va a passo di gambero: aveva senatori eletti e ora se vince il Sì non li avrà più.

Eppure Obama ha deciso che ciò che in America sarebbe una bestemmia, in Italia sarebbe una benedizione. Per lui e per chi verrà dopo, si capisce.

Da settant'anni l'Italia è una piccola colonia americana (ricordo che il Pci coniò il seguente slogan "Fuori l'Italia dalla Nato") governata da marionette che ogni tanto vanno a prendere ordini da Washington. Ma provate voi a dare ordini a un premier che poi deve tornare in patria e convincere la Camera e il Senato ad approvare le direttive della Casa Bianco, il presidente della Repubblica a firmarle, la magistratura a non eccepire la loro incostituzionalità, la Consulta a ritenerle legittime, la libera stampa (ove mai esistesse) ad avallarle e i cittadini a digerirle. Non si finisce più.

Molto meglio avere a Roma un uomo solo al comando che si nomina la maggioranza dei deputati (con l'Italicum) e dei senatori (tramite le Regioni amministrate dal suo partito), il capo dello Stato e qualche membro della Consulta e del Csm a sua immagine e somiglianza.

Basta telefonare a lui e tutti gli altri scattano sugli attenti. Si fa prima e si risparmia pure sulla bolletta del telefono.

Il guaio è che, a furia di *endorsement* internazionali, si rischia di insospettire i cittadini: che gliene frega a Obama e alle cancellerie europee se cambiano la Costituzione o ce la teniamo stretta? Se continuiamo a eleggere i nostri parlamentari o se li facciamo nominare da un pugno di capipartito?

Una domanda oggi, una domanda domani e alla fine qualcuno potrebbe trovare la risposta esatta.

Restiamo dunque in fiduciosa attesa dei Sì di Merkel, Hollande, Juncker, Rajoy, a anche – non poniamo limiti alla provvidenza – di Putin, Erdogan e magari al cipriota Anastasiades.

Intanto, per non farci mancare nulla, *Repubblica* mostra la foto di quattro massai del Kenya accanto al manifesto "BastaunSì", reclutati da tal Pasquale Tiritò, proprietario di un resort di lusso a Malindi, dunque "coordinatore di Kenya per il Sì".

Sono soddisfazioni!

Siamo impegnati in questo lavoro mentre la campagna pro-Sì,

pro-No divampa.

I Cinquestelle rispondono ai viaggi all'estero della Boschi per il Sì con un "giro" in molte città, da Londra all'Estonia.

Obbiettivo, i quattro milioni di voti degli italiani oltreconfine. Un tour "mondiale", neanche fossero un gruppo rock, per diffondere il verbo del "Sì" e del "No" – ripeto – tra gli italiani all'estero.

Tutto questo mentre la povertà aumenta. Ma nessuno parla. Tutti zitti e muti. Il silenzio è assordante!

La povertà è in forte crescita: le categorie più colpite sono i giovani meridionali. Dal Rapporto 2016 su povertà ed esclusione emerge un dato sconvolgente, un'Italia spaccata in due. Ma nessuno affronta questo problema. Tutti scatenati alla caccia di "Sì" e di "No".

Da quando tutti dicono che bisogna parlare del merito della riforma costituzionale per informare i cittadini in vista del referendum, si parla tutto fuorché del merito. Tant'è che ogni volta che ci capita di discutere con qualcuno intenzionato a votare Sì, scopriamo che lo fa in nome del "meno peggio", terrorizzato com'è dal "salto nel buio", del "dopo referendum".

Cioè teme il voto di potere, la caduta del governo, l'instabilità, il caos, la fine della stagione riformatrice, la vittoria dei 5 Stelle o il ritorno di D'Alema, di B. e degli altri politici schierati con il "no" (le cui facce sono il migliore spot per il "Sì"). Tutte balle.

La politica è la più bella attività che si possa fare: si interpretano bisogni, si rappresentano interessi e si dà voce a chi ne ha bisogno.

Da quasi mezzo secolo siamo fuori dalla politica attiva e non intendiamo iniziare adesso.

Allora sentivamo dire che la nostra è "la più bella Costituzione del mondo". La più bella forse no. Tra le più belle certamente sì.

Allora perché cambiarla? Non siamo in grado di dare una risposta. L'unica certezza è che, se vince il "No", ci salviamo dalla Costituzione scritta a quattro mani, anzi a quattro piedi da Boschi & Verdini e ci teniamo stretta quella dei Padri Costituenti, già purtroppo modificata in ben 43 articoli (su 139), per esempio seguiteremo ad eleggere i senatori anziché farli nominare dai Consigli regionali con immunità in omaggio.

Speriamo che nessuno vorrà paragonare giganti come la *"Boschi, Verdini, Renzi, Alfano, Cicchitto e Casini a gentucola tipo Calamandrei, Croce, De Gasperi, Parri, Ruini, Terracini e Togliatti"*. Ci piace ricordare che quei poveracci lavorarono per due anni giungendo alla fine ad un testo condiviso dalla stragrande maggioranza, poi lo approvarono quasi all'unanimità.

La premiata ditta Boschi & Verdini con i voltagabbana berlusconiani doc Alfano, Verdini & Co. Che giocano a sfasciare la Costituzione ma si tengono il "malloppo"(il Pd dice no alla riduzione dell'indennità parlamentare) continua imperterrita a demolire il lavoro dei Padri Costituenti che si stanno rivoltando nelle loro tombe.

Chissà quando i sindaci e i consiglieri col cappello di senatori si occuperanno delle loro città e delle loro regioni! Di certo, per ogni viaggio a Roma si faranno rimborsare aereo o treno, taxi, albergo, pasti, lavatura e stiratura, portaborse, portavoce, consulenti, uffici, segretarie (possibilmente belle fanciulle con le quali allieteranno le loro "vacanze romane"). E così i quarantotto milioni di risparmio si assottiglieranno a una trentina. La metà dei sessantuno che risparmieremmo con la proposta dei 5 Stelle per dimezzare lo stipendio a tutti i parlamentari (per altro identica a quella lanciata da Renzi prima di diventare premier). Mantenendo l'equilibrio fra Camera e Senato.

E soprattutto salvando la Costituzione.

L'ITALIA PERDE LA SUA TRIESTE
MA RICONQUISTA LA DIGNITÀ

Mentre l'Italia prova a diventare Repubblica, nessuno sa ancora quali confini avrà. Dal 25 aprile 1946 sono riuniti a Parigi i ministri degli Esteri delle potenze vincitrici della guerra (Usa, Urss, Gran Bretagna e Francia) per risolvere le questioni territoriali in vista della pace.

Quando il sovietico Molotov, d'intesa col vicepresidente jugoslavo Edvard Kardelj, chiede che la Venezia Giulia venga annessa in blocco alla Jugoslavia, il Pci fa finta di niente.

Del resto nel maggio 1945, quando Tito ha occupato parte della Venezia Giulia in barba agli accordi con gli Angloamericani, Togliatti ha invitato gli italiani della regione ad "accogliere le truppe di Tito come truppe liberatrici".

Il 21 luglio 1946, sempre a Parigi si pare la Conferenza mondiale di Pace.

De Gasperi parla il 10 agosto davanti ai millecinquecento rappresentanti di ventuno Paesi, quando i giochi sono fatti sulla proposta francese di togliere Trieste all'Italia.

L'attacco del suo discorso è dignitoso e solenne *"Sento che tutto tranne la vostra personale cortesia, è contro di me: e soprattutto la mia qualifica di ex-nemico, che mi fa considerare imputato, e l'esser citato qui, dopo che i più influenti di voi hanno già formulato le loro conclusioni".*

Le parole di questo italiano austero fanno buona impressione all'Assemblea.

Il segretario di Stato USA, James Byrnes, si alza e gli va incontro per stringergli la mano. Un autorevole inglese scrive una *Lettera aperta al signor De Gasperi: "Voi parlaste non a una Conferenza di pace ma di guerra. Voi, signore avete il diritto di presentarvi come antifascista e democratico perché non abbracciaste il signor Ribbentrop sotto il segno della croce uncinata, ma voi nonostante tutto foste ascoltato da milioni che anelano alla pace che voi prospettate".*

Uno di quelli che avevano abbracciato Ribbentrop, il sovietico Andrei Vischinski, ribatte a De Gasperi: *"Non è vero che Trieste sia italiana. Trieste è stata fondata dagli slavi. Non è vero che l'esercito italiano ha battuto l'impero austro-ungarico, che fu vinto dai russi... Anzi tutti sanno che gli italiani sono molto più bravi a scappare che a combattere".*

Il 3 ottobre il nuovo confine giuliano viene tracciato definitivamente: l'Italia perde l'intera isola istriana e tre grandi città a maggioranza italiana – Pola, Fiume e Zara – lasciando al di là della frontiera quasi 180 mila connazionali; e anche il "Territorio Libero di Trieste" (città a schiacciante maggioranza italiana), affidato al controllo dell'ONU.

Il 7 novembre però Togliatti, di ritorno da Belgrado, scrive su *l'Unità*: *"Il Maresciallo Tito mi ha dichiarato di essere disposto ad acconsentire che Trieste appartenga all'Italia, qualora l'Italia consenta a lasciare Gorizia alla Jugoslavia".*

La segreteria del Pci esprime "la riconoscenza del popolo italiano al Maresciallo Tito". Sdegnate sono invece le reazioni degli altri partiti e del governo, che respinge il baratto di una città italiana con un'altra città italiana.

Togliatti verga su *l'Unità* un articolo di fuoco contro la politica estera di De Gasperi.

Il Popolo, quotidiano della Dc, ribatte che Togliatti è rimasto il portaordini di Stalin. Il Segretario Generale del Pci ribatte accusando De Gasperi di aver volutamente ritardato il rientro dei prigionieri italiani dalla Jugoslavia.

Su questa accusa si sfiora la crisi di governo, scongiurata dal ministro comunista Mauro Scoccimarro.

Le altre clausole del Trattato di Pace (che verrà firmato solo il 10 febbraio e approvato dalla Costituente il 31 luglio) prevedono oltre alla cessione di Briga e Tenda alla Francia, la rinuncia dell'Italia a tutte le colonie d'oltremare: il Dodecanneso (che va alla Grecia), l'Albania, l'Etiopia, l'Eritrea, la Somalia e la Libia. L'Alto Adige, rivendicato dall'Austria, rimane italiano ma con uno statuto speciale.

Dopo l'estate dei trattati, l'Italia dei cappotti rivoltati e delle scarpe risuolate si prepara ad un altro durissimo inverno.

Si escogitano per sopravvivere, i mestieri più impensabili: accanto a quelli classici del ciabattino, spazzacamino, meccanico di biciclette e carrettiere ci saranno i pescatori, i carriolanti, i cantastorie, gli innestatori di vigne, i venditori degli "scopini per il necessario" che ricordo aggirarsi per le strade di Maida mentre nella *Piazzetta* della cittadina, situata poco distante dalla fabbrica di ebanisteria "F.lli Colistra", appaiono i primi venditori di fichi d'india.

Piano piano arriveranno i coltivatori diretti di Bella e di Sambiase. Raggiungono Maida all'imbrunire con i carretti sotto i quali sono sistemati rudimentali lanterne che servivano ad illuminare le strade disselciate, per vendere all'indomani la frutta e le verdure. Frutta e verdure che piano piano si produrranno (e si esporteranno sino a Catanzaro) nei nostri giardini che faranno una brutta fine: nei decenni successivi cambieranno fisionomia a causa di una cementificazione assurda, oltraggiosa e selvaggia.

Un milione e mezzo di famiglie vivono con più persone in una stanza, 332 mila abitano in scantinati. Sei italiani su dieci vivono di pane, minestre e verdure; quattro milioni e mezzo di famiglie non sanno neppure cosa sia una fetta di carne, altri tre milioni e duecento mila la consumano una volta la settimana; tre milioni ignorano lo zucchero e la metà della popolazione non beve mai latte.

Sono anni segnati in Calabria da una poderosa scesa in campo dei lavoratori e delle popolazioni interne che pongono nuovi ed inediti problemi di lavoro, di sviluppo, di occupazione, di servizi, di qualità della vita e dell'uso delle risorse.

Dopo gli anni della battaglia contro il latifondo, nel secondo dopoguerra, l'avvio di quella che impropriamente fu definita Riforma Agraria e la nascita della Opera Sila si erano accompagnati ad un aumento della disoccupazione, alle rovinose alluvioni del 1951 e del 1953, ad una ripresa dell'emigrazione.

Non è forse in casi drammatici come questi che si tocca con mano il fallimento di una sciagurata politica che ha spinto allo spopolamento della collina e della montagna?

Ed è per questo che negli anni '74 e '75 del secolo scorso i braccianti calabresi sono protagonisti delle prime lotte per richiamare la questione dell'agricoltura e delle zone collinari e montane al centro dell'attenzione.

Si parla di un piano per l'uso delle acque, di un piano dighe di cui si era occupato già negli anni '30 l'ing. Gennaro Miceli.

Ma questi stessi anni vedono il movimento bracciantile impegnato di nuovo anche su un altro versante. Scendono in campo, infatti, le raccoglitrici di olive in lotta contro la piaga secolare, quella del sotto salario e delle condizioni assurde di vita e di lavoro.

Scioperano le raccoglitrici di olive nella piana di Gioia Tauro, nella piana di Sibari, nel vibonese, nel catanzarese e nel lametino.

Abbiamo sotto mano un manifesto della Federbraccianti di Catanzaro: *"Le raccoglitrici di Maida, di Jacurso e di Vibo hanno vinto! Dopo dieci giorni di scioperi articolati, le raccoglitrici di Maida, di Jacurso e di*

Vibo Valentia hanno costretto gli agrari a rispettare il Contratto di lavoro che prevede un salario di lire 2.044 per sette ore giornaliere. L'accordo, firmato presso l'Ufficio Provinciale del Lavoro premia la combattività e la forza delle raccoglitrici di Maida, Jacurso e Vibo dimostrando, durante i giorni di scioperi che SOLO L'UNITÀ E LA COMPATTEZZA PUÒ PIEGARE L'OSTINAZIONE DEGLI AGRARI.*

Scoppiano – uno dopo l'altro – i nodi della crisi calabrese; la sinistra, il Pci in testa mette in guardia contro i pericoli che si stanno accumulando.

Scendono in piazza a Catanzaro i bambini dei paesi alluvionati di Fabrizia, di Mongiana e di Nardodipace. Pongono problemi drammatici di vita, di sopravvivenza persino per intere comunità.

La stampa nazionale è scossa da quei bambini dal volto impaurito che alzano cartelli con su scritto: *«Nardodipace peggio del Bangladesh». «Siamo in dieci in una stanza e di sopra ci minaccia la frana».*

Ricordo un servizio da Maida di Franco Martelli – corrispondente de *l'Unità* da Catanzaro – che raccoglie interviste delle *"vedove bianche"* le quali illustrano la situazione in cui sono costrette a vivere con i loro figli, situazioni abitative non dissimili dagli abitanti di Nardodipace.

Agli studiosi non sfuggiranno che le condizioni in cui versa la Calabria negli anni '60 non sono dissimili da quelli del dopoguerra.

Nei cortei che si organizzano dal Piemonte alla Sicilia, fino alla Sardegna risuonano le parole *«lavoro, sviluppo, occupazione»*, che qualcuno definisce troppo semplici ma che aggregano spezzoni di una società che paga prezzi durissimi ad una crisi economica, sociale, democratica senza precedenti.

Dopo questa analisi della Calabria impoverita dalla guerra e resa più arretrata dai feudatari e dai latifondisti riprendiamo il discorso della riconquista della dignità da parte dell'Italia.

L'economia e l'industria al nord danno i primi segni di progresso. Le razioni alimentari migliorano: 250 grammi di pane al giorno, 3 chilogrammi di "generi da minestra" al mese. La lira si potenzia sulle valute "forti". L'erosione del potere d'acquisto dei salari è bloccata. Anche la Borsa riprende fiato. Ma la fame è ancora tanta. L'inflazione è altissima. Le piazze piene di dimostranti.

Le lotte sociali, culminate il 3 ottobre nell'assalto al Viminale (con 2 morti e 150 feriti) si placano a fine mese con lo storico accordo Confindustria-CGIL: blocco semestrale dei salari minimi, tredicesima agli operai, dodici giorni di ferie pagate più festività infrasettimanali, scala mobile sull'indennità di contingenza.

La CGIL riunisce ancora, pur in continuo conflitto, le tre anime storiche del sindacato: la comunista del segretario generale Giuseppe Di Vittorio, la cattolica di Achille Grandi e la socialista di Oreste Lizzardi.

Sullo scorcio del 1946 la produzione industriale risale al 65 per cento dei livelli dell'anteguerra. Alla Fiat torna al comando il manager Vittorio Valletta, il quale prima di accettare chiede e ottiene il rientro di tutti i vecchi tecnici, anche quelli "epurati".

La situazione è difficile: i macchinari sono vecchi, guerra e autarchia hanno interrotto il flusso di tecnologie dell'America, il carbone e le altre materie prime distribuite dall'UNRRA non bastano. Ma Valletta è ottimista. La sua parola d'ordine è "occupazione a ogni costo": chiede aiuti al governo, ordina ai suoi direttori di trovare nuove commesse, stringe accordi con le industrie statunitensi e ottiene un forte prestito da Bank of America.

Nel 1946 circolano in Italia appena 139 mila auto a uso privato e la Fiat ne sforna oltre 25 mila. Ma la gran parte degli italiani non potendosi permettere una 500 "Topolino", viaggiano ancora a piedi o in bicicletta, i più fortunati girano in vespa, la "due ruote" appena lanciata dalla Piaggio.

Un altro simbolo dell'Italia risorta.

L'ITALIA DEL 2016

L'Italia, dopo l'immane tragedia voluta da Mussolini riparte.

Scongiurata la guerra civile, grazie alla saggezza di Palmiro Togliatti il quale, ferito dai colpi di pistola dallo studente fascista Antonio Pallante, cade sul selciato di Montecitorio in via della Missione mentre usciva da un'uscita secondaria, da dove era uscito assieme alla sua compagna Nilde Jotti.

Ai primi dirigenti accorsi mantenendo la lucidità dei grandi leader suggerisce: «*Mi raccomando la calma. Attenzione al Partito*». Il consiglio era chiaro: bisognava bloccare le velleità rivoluzionarie di qualche dirigente.

La reazione del Cremlino non si fece attendere: ai dirigenti del Partito fu rimproverata la scarsa vigilanza a Togliatti. Ma questa è un'altra storia.

Scongiurata la guerra civile il popolo italiano si rimbocca le maniche e contribuisce, così, alla crescita del Paese.

Certo. Non è stato facile!

Ci sono state lotte dure, arresti, feriti, morti: dalle fabbriche e dalle officine del nord a Montescaglioso, a Torremaggiore, a Melissa, a Portella della Ginestra il suolo italiano è stato bagnato dal sangue degli operai e dei contadini in lotta per opera della polizia di Scelba al servizio dei latifondisti assenteisti e della Sacra Corona Unita, della mafia e della 'ndrangheta.

Nonostante tutto, sotto la guida dei sindacati, dei partiti di sinistra e degli italiani sinceramente democratici, il Paese cresce fino a diventare una delle prime sei potenze industriali del mondo.

Qual è la situazione oggi?

Pare che il processo di sviluppo segna il passo.

Con la fine della Prima Repubblica sotto i colpi di Mani Pulite si auspicava un'Italia protesa verso il rinnovamento morale, sociale, economico e culturale.

Così non è stato! Anzi siamo entrati in un tunnel buio dal quale si stenta ad uscire.

Come scrivo in *"Maida specchio dell'Italia"* e *"Italia e Maida oggi"* la corruzione è dilagante, rubare è normale; anzi, chi non ruba è considerato un fallito.

La produttività è piatta da quindici anni, i salari sono praticamente fermi, l'ineguaglianza dei redditi è in aumento e come tasso di occupazione siamo al terzo valore più basso tra i paesi sviluppati dopo Grecia e Turchia. Il ceto medio sta precipitando verso il basso. Parte dei pensionati fuggono dall'Italia, altri non riescono ad arrivare alla seconda settimana del mese. Come si può vivere con 700 euro? (chi li prende).

Una volta partivano gli operai, i contadini, i coloni, i mezzadri, i fittavoli, i commercianti incontrando, a volte, la morte. Chi non ricorda le tragedie di Robiei, di Marcinelle e di Martmark? Oggi partono i laureati, i diplomati, i ricercatori. In Italia più di un giovane su quattro non lavora, né studia, né segue corsi di formazione. Questa è la cruda realtà dell'Italia di oggi: salari fermi e produttività al palo!

La stagnazione salariale e la bassa produttività sono problemi che affliggono tutti i paesi sviluppati. Il fatto è che mentre alcuni stanno recuperando il terreno perso dal 2007, altri, come l'Italia, rimangono indietro.

Quasi dieci anni dopo l'inizio della crisi la crescita dei salari in termini reali è debole e si corre il rischio di una stagnazione salariale duratura. È la cosiddetta "trappola della bassa crescita": i salari e l'occupazione sono bassi, le famiglie spendono sempre meno e investono quasi niente.

A risentirne alla fine è anche la produttività. Perché assumere lavoratori poco costosi e flessibili diventa spesso più conveniente che fare efficienza spendendo capitali in macchinari.

Le recenti riforme del lavoro non sembrano di cambiare in meglio il quadro. La lieve crescita dell'occupazione è infatti legata agli incentivi degli sgravi contributivi e le nuove assunzioni a tempo determinato.

Oltre la metà delle famiglie italiane nel 2015 ha limitato le spese per il cibo e una su cinque ha provato a risparmiare anche sulle spese sanitarie.

Il 63 per cento cerca di fare economie su abbigliamento e calzature, uno dei settori di punta del "made in italy".

Grandi sono le differenze tra regione e regione. La Calabria risulta essere la regione con la spesa mensile familiare più bassa, 1.729 euro mentre Lombardia, Trentino Alto Adige ed Emilia Romagna sono le regioni con la spesa mensile più elevata, tutt'e tre attorno ai 3 mila euro.

A questa crisi finora non si è risposto in modo adeguato: gli interventi sociali a sostegno delle famiglie in Italia pesano per il 4,1 per cento della spesa totale per le prestazioni sociali. Un valore tra i più bassi in Europa.

Va ricordato per altro che l'Italia, a differenza di tutti gli altri paesi europei, eccetto la Grecia non ha alcuna forma stabile di sostegno al reddito, il cosiddetto *Reddito di Cittadinanza*; uno strumento che in altri tempi di crisi arginava la caduta dei consumi.

Per gli analisti dell'Ocse, la via d'uscita dalla trappola sono politiche strutturali, che portino ad una crescita sostenibile, in grado di assicurare benefici più equamente distribuiti incluso un più ambizioso uso delle politiche di bilancio. E anche ulteriori riforme strutturali.

Dopo anni di catechismo neoliberista, dunque, l'ufficio studi dei paesi ricchi riconosce che senza mettere in campo l'intervento pubblico, dalla stagnazione secolare non si esce.

Il problema è che l'Italia, con un debito pubblico pari al 132 per cento del prodotto interno lordo e rigidi vincoli di bilancio europei da rispettare (e probabilmente anche le banche da salvare) le politiche fiscali espansive non se le può permettere. A meno di mettere mano ad altre voci di bilancio.

Abbiamo tentato di fotografare l'Italia che non va.

S'incontrano persone dal dentista (che cominciano a diminuire), dal barbiere, dal calzolaio, dal falegname, dal commerciante, all'edicola, al supermercato, durante il veloce scambio di opinione ai mercatini rionali e nei "capannelli" che si formano nelle piazze, la valutazione è quasi unanime: il referendum del 4 dicembre non risolverà, anzi acuirà i gravi problemi che attendono di essere risolti e spaccherà in due l'Italia. L'Italia che era stata compatta grazie alla Resistenza, una delle pagine più belle scritte dal popolo italiano dopo il Rinascimento.

Per concludere, un consiglio agli incerti perché disinformati dai giornali quasi tutti al servizio del padrone e dalle televisioni a reti unificate che fanno a gara per non dispiacere il premier: studiate la storia dell'Assemblea Costituente e scoprirete che la Costituzione fu approvata quasi all'unanimità da un fronte amplissimo ed eterogeneo che andava da alcuni ex fascisti ai monarchici, ai liberali, ai democristiani, agli azionisti, ai socialisti, ai comunisti.

Quindi se oggi, a difenderla ci sono vecchi partigiani e democristiani, comunisti e socialisti, liberali e repubblicani, progressisti e conservatori (persino qualche fascista) non è strano.

È normale, anzi doveroso. Non è un'elezione politica, non ci sono alleanze da stringere, né governi da fare insieme: il 5 dicembre ciascuno andrà per la sua strada.

Ma la Costituzione è di tutti e tutti devono riconoscervisi e difenderla.

La nostra Costituzione *"è una delle più belle del mondo"*.

Non facciamola rottamare!

Il popolo italiano il 4 dicembre voterà "No" come il 7 giugno 1953 disse "No" alla "Legge Truffa" di democristiana memoria.

Ma in quale Paese del mondo qualcuno potrebbe non schierarsi su un referendum che mette in gioco 47 articoli su 139 della Costituzione, cioè della *"Legge delle leggi, che regola la convivenza civile di tutti noi cittadini"*?

RINGRAZIAMENTI

Ringrazio vivamente Antonio Ingroia che, con la sua presentazione, conferisce dignità e prestigio al mio modesto lavoro.

BREVE NOTA BIO-BIOGRAFICA
DELL'AUTORE

Gregorio Colistra è nato a Maida.

Ispettore Archivistico Onorario della Calabria e della Campania, è stato riconfermato nel ruolo per il triennio 2016-2018.

Ha fondato il circolo *"La Scintilla"* di Maida.

Membro della Segreteria e del Comitato Direttivo, successivamente è stato cooptato nel Comitato Federale della FGCI di Catanzaro. Assieme a Francesco Ciliberto (direttore), Antonio Braccio, Alessandro Paone, Ippolita Scicchitano (membri del Comitato di redazione) ha fondato gli aperiodici *"La Scintilla"* e *"Nuova Scintilla"*.

Nel 1969 è entrato nella Pubblica Amministrazione e precisamente nella Direzione Generale delle Antichità e Belle Arti.

Dopo aver maturato fondamentali esperienze presso la Soprintendenza alle Opere d'Arte della Sicilia Occidentale e presso la Soprintendenza alle Antichità di Palermo, ha svolto le mansioni di Bibliotecario presso il Museo Nazionale di Messina. In queste specifiche mansioni di Bibliotecario ha completato, con chiara consapevolezza delle esigenze scientifiche a cui era destinata, la compilazione dello Schedario per autori ed argomenti di tutti i testi in dotazione dell'Istituto.

Ha collaborato attivamente alla costituzione della Sezione Didattica. Come si legge nella relazione sull'Attività Didattica presso il ministero P.I., in data 14/11/1972, prot.: 715 di cui è riferimento anche nella "Proposta per un'attività didattica in provincia di Messina" a firma della Prof.ssa Maria De Cola pubblicata in "Musei e Gallerie d'Italia" A. XVIII n° 50, maggio-agosto 1973 pagg. 33-34 ha curato attivamente il rapporto tra il Museo e l'Università locale, con personale impegno nel corso delle regolari visite guidate con il pieno gradimento attestatogli ufficialmente anche dal Magnifico Rettore dell'Università di Messina Salvatore Pugliatti.

Ha vinto il premio "*A. M. Jaci*" astronomo, matematico e scienziato messinese.

Ha fondato il "*Comitato pro-Museo Nazionale di Messina*" diventandone il presidente e si è attivato per la realizzazione della definitiva sede. In tale veste ha condotto, con vivace iniziativa e con entusiasmo una campagna di sensibilizzazione pubblica, rivolta, in particolare alla scuola e alla cittadinanza messinese, perché avesse corso la realizzazione di una nuova sede di quella città; l'Assessore alla Presidenza della Regione siciliana On. Ojeni gli ha personalmente inviato conferma telegrafica dell'ottenuto finanziamento di detto museo.

Ha collaborato con il direttore Giuseppe Consoli, il barone Bruno Calapaj, il prof. Antonino Saitta per la costituzione dell'Associazione "*Amici del Museo Nazionale di Messina*".

Nel 1972, dopo aver maturato fondamentali esperienze presso la Soprintendenza alle Antichità, la Soprintendenza alle Gallerie e Opere d'Arte di Palermo e il Museo Nazionale di Messina, su sua richiesta, ottiene il trasferimento presso la Soprintendenza ai Monumenti della Lombardia dove ha assunto l'incarico di Bibliotecario «...ho notato che il particolare lavoro è stato sempre svolto con precisione e meticolosità; un'attenta scelta nell'elaborazione degli schedari ha permesso di poter disporre di una razionale biblioteca, impostata con criteri scientifici. Tale competenza è stata acquisita dallo stesso presso il Museo Nazionale di Messina. Ho apprezzato la sua conoscenza nel campo della saggistica storica che ha permesso una ricerca analitica bibliografica e nella verifica metodologica per gli interventi di restauro» (dalla relazione del Soprintendente Renzo Pardi, prot.: 3888/RPgc del 8 marzo 1974).

In tale veste ha partecipato a riunioni periodiche della Venerabile Fabbrica del Duomo di Milano alla presenza di Sua Ecc. Giovanni Colombo.

Ha collaborato con la prof.ssa Maria Luisa Gatti Perer per la costituzione dell' *"Istituto per la Storia dell'Arte Lombarda"*, con la prof.ssa Stella Matalon per la costituzione dell'Associazione *"Amici della Pinacoteca di Brera"*, del *"Castello Sforzesco di Milano"* ed è stato membro di un gruppo di lavoro sul problema dell'emigrazione organizzato dall'Università *"La Statale"* di Milano.

Contemporaneamente è stato chiamato a far parte della sezione *"Beni Culturali e Ambientali"* del Comitato Regionale del PCI della Lombardia.

Con l'istituzione della Soprintendenza per i Beni Ambientali e Architettonici di Brescia, Mantova e Cremona è stato chiamato a svolgere le funzioni di Direttore Amministrativo.

Ha fondato il *"Comitato per le Bellezze Naturali e Paesaggistiche di Brescia, Mantova e Cremona"* e il *"Comitato Amici del Museo per la valorizzazione del Castello Scaligero di Sirmione"*.

Per due anni ha sviluppato un dialogo affettuoso con la città di Brescia, fotografando prima, e collaborando poi, alla pubblicazione *"Di Mille Fontane a Brescia"*.

Nel 1978, trasferitosi in Calabria, è stato nominato Vice-direttore dell'archivio di Stato di Catanzaro e successivamente è stato preposto alla direzione dell'Ufficio Amministrativo dell'archivio di Stato di Vibo Valentia.

Ha collaborato con il dott. Vincenzo Romeo, primo Presidente dell'Amministrazione Provinciale di Vibo Valentia, alla costituzione dell'Associazione "*Cultura Sociale*".

Ha fondato l'Associazione "*Pro Loco Maida – Vena di Maida*".
È stato insignito del Premio *della Cultura* della Presidenza del Consiglio dei Ministri.

Si è attivato per il restauro della Cattedrale di Lamezia Terme, della chiesa di Santa Maria di Bella Cava di Vena di Maida, delle chiese di Santa Maria Cattolica, San Domenico, San Nicola dé Latinis, per il restauro di alcuni palazzi gentilizi e per l'inserimento del Castello di Maida nel Programma Speciale Itinerari Culturali e precisamente in quello della cultura bizantino-normanno, sveva.

Dopo essersi attivato, con il sostegno dell'allora ministra Melandri, per il trasferimento dalla vecchia alla nuova sede dell'archivio di Stato di Vibo Valentia è stato nominato Funzionario Amministrativo Economico Finanziario Direttore.

Successivamente ha assunto l'incarico di Direttore Amministrativo Economico Finanziario Coordinatore per i Beni Culturali Paesaggistici della Campania.

Dopo alcuni mesi è stato nominato Direttore Amministrativo Economico Finanziario Coordinatore della Direzione Regionale per i Beni Culturali e Paesaggistici della Calabria diretta dall'arch. Francesco Prosperetti il quale ha scritto di lui:

– "*Al carissimo Gregorio Colistra sempre grato per una collaborazione sempre professionale ma soprattutto affettuosa*".

– "*A Gregorio Colistra, nella consapevolezza di condividere con lui l'obiettivo alto della crescita culturale di questa regione*".

In tale veste si è adoperato per il ricupero di palazzo Vitale (rif. nota n° 2723/M del 29 Dic. 2006 della Soprintendenza BAP di Cosenza e n° 1645 del 31 Mar. 2008 della Direzione Regionale BBCCPP della Calabria - responsabili del procedimento: GC [Gregorio Colistra, Direttore Amministrativo Economico Finanziario Coordinatore] MTS [Maria Teresa Sorrenti, Storico dell'Arte] SR [Sabina Rizzi, Architetto della Direzione Regionale BBCCPP della Calabria]); per il vincolo di palazzo Brunini (rif.

decreto n° 15 del 1 Lug. 2008 della Direzione Regionale BBCCPP della Calabria); per i lavori di ricupero e consolidamento strutturale del palazzo Pinto (rif. nota n° 1057/M del 20 Lug. 2007 della Soprintendenza BAP di Cosenza); per il restauro degli affreschi delle vele e del catino absidale della chiesa Santa Maria Cattolica (rif. nota n° 1511 del 7 Lug. 2008 della Soprintendenza PSAE di Cosenza e n° 4244 del 26 Ago. 2008 della Direzione Regionale BBCCPP della Calabria e del 7 Ago. 2008 dell'autore); per il ricupero delle tele e delle opere d'arte lignee della chiesa di San Giuseppe (vedi elenco degli interventi ammessi al finanziamento-triennio 2008/2010 del settore storico, artistico ed etnoantropologico del Ministero dei Beni e delle Attività Culturali.

Oltre ad alcuni saggi sui Beni architettonici di Maida e di Vena di Maida, ha pubblicato *Maida chiese monumenti folclore* (1985); *La gestione sociale delle biblioteche civiche-La biblioteca come centro di animazione culturale* (1986); *La cultura cardine dello sviluppo del Mezzogiorno* (2006); *Salviamo il paesaggio* (2010); *Una politica nuova per lo sviluppo culturale di Maida* (2011); *La donna nella storia* (2012); *Maida specchio dell'Italia* (2012); *Italia e Maida oggi* (2012); *Verso dove si va?* (2014); *Gennaro Miceli difensore dei contadini* (2015); *Francesco Colistra primo sindaco di Maida* (2016) e curato *Aspetti e momenti della Storia di Maida in Calabria* (1983); *Atti del Convegno di studi Archivi e storia di Calabria-Strutture documentazione prospettive* (1987); *Melania* (1988) e *Atti del Convegno di studi La battaglia di Maida nella storia calabrese e mediterranea* (1997).

Ha scritto per *La Scintilla* e *Nuova Scintilla* di Maida; *L'Ora* di Palermo; *La Gazzetta del Sud* di Messina; *Storia dell'Arte Lombarda* di Milano; *L'Unità* di Milano; *Brvtivm* di Reggio Calabria; *Paese Sera* di Roma; *Città* di Lamezia Terme; *Calabria Ora* di Rende; *Calabria Letteraria* di Soveria Mannelli.

INDICE